AF349296

Conozco los animales del bosque

Céline Lamour-Crochet

algar

El tejón

El tejón es un animal nocturno, es decir, que se activa por la noche. De día duerme en una madriguera formada por muchas galerías, que excava con sus poderosas zarpas.

El ciervo

La cierva es la hembra del ciervo, y las crías son los cervatillos. Solamente el macho tiene cuernos, que le caen todos los años a finales del invierno y le vuelven a crecer en verano.

El gato montés

Se parece al gato doméstico,
pero su cuerpo es más grande. Se alimenta
de pequeños roedores, de pájaros, a veces de
conejos, y vive en los árboles huecos o
en las madrigueras abandonadas.

El corzo

El corzo es un animal ágil y muy rápido:
¡puede alcanzar 90 km/h en caso de
peligro! Tiene unos cuernos más cortos
que los del ciervo. Es un animal anuro,
es decir, sin cola.

La lechuza

La lechuza es una rapaz con los ojos muy grandes. Gracias a su oído, especialmente desarrollado, es una gran cazadora. ¡Oye a sus presas antes de verlas!

El cuco

El cuco debe su nombre a
su canto: ¡«cu-cu»! Anuncia
el regreso del buen tiempo.
La hembra pone el huevo en
el nido de otro pájaro, que
incuba y alimenta al polluelo.

El gamo

El pelaje del gamo está manchado
de blanco en verano. Para atraer a
las hembras lanza un grito ronco,
el berreo. No es tan rápido como
el ciervo o el corzo, porque es
menos musculoso.

La ardilla

La ardilla roja tiene una bella cola en forma de penacho. Se desplaza saltando de rama en rama. Este pequeño roedor hace sus provisiones de alimentos antes de la llegada del invierno.

El faisán

Para seducir a la hembra, el faisán despliega sus alas en abanico y las bate para hacer ruido. Sus plumas son más grandes y más coloridas que las de la hembra.

La hormiga

La hormiga vive en
colonias muy organizadas,
dirigidas por una reina.
La reina es más grande que
las otras hormigas y tiene alas.
¡Es la única que pone huevos!

El arrendajo

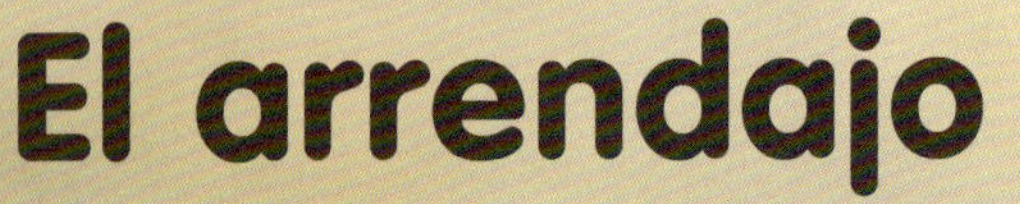

El arrendajo se reconoce por sus plumas:
azules y negras, negras, blancas, marrones…
¡Tiene de todos los colores! Es un buen
imitador: ¡puede reproducir los gritos
y los cantos de otros pájaros!

El erizo

El erizo tiene pelos duros y puntiagudos sobre el
lomo. Para protegerse de los predadores, se enrosca
como una bola. Hiberna en un nido recubierto de
hojas secas. ¡Cuando come, es muy ruidoso!

El búho

El búho, al contrario que la
lechuza, tiene unos penachos en lo
alto de la cabeza. No se
trata de orejas, son
simplemente plumas.
El búho grita: «Uh-uh».
Se dice que ulula.

La liebre

La liebre es muy rápida y puede
dar grandes saltos. Se parece
al conejo, pero sus orejas son
 más largas y tienen la punta
negra. El iris de sus ojos
es amarillento.

El lirón

El lirón es un pequeño mamífero que tiene una larga y espesa cola. ¡Hiberna durante casi la mitad del año! Por eso se dice: dormir como un lirón.

El lobo

El lobo vive en manada.
La loba da a luz a cuatro
o cinco lobeznos, que
permanecerán en la
guarida, bien calentitos,
durante varias semanas.

El ciervo volante

Como este escarabajo vuela y las dos mandíbulas del
macho se parecen a los cuernos de un ciervo, se le da el
nombre de ciervo volante. Las avispas y los pájaros son
sus principales predadores.

El lince

El lince posee una excelente vista.
Tiene unos penachos de pelos
negros en la punta de las orejas,
y las patas largas para no hundirse
en la nieve y para dar grandes
saltos, con los que sorprende
a sus presas. ¡A la mesa!

El oso

¡Algunos osos machos miden más de 3 m de alto cuando se ponen de pie! Pueden pesar más de 500 kg en la edad adulta. Aunque sea tan pesado, el oso es un buen nadador y un buen escalador.

El pájaro carpintero

El pájaro carpintero tiene el plumaje verde y amarillo. La parte alta de la cabeza es roja. Su grito suena como una risa burlona. Su larga lengua le sirve para atrapar a los insectos. ¡Ñam!

El zorro

El zorro es un mamífero de pelaje rojo. Es omnívoro:
se alimenta sobre todo de conejos y roedores,
pero también de frutas. Se dice que es muy
astuto. La hembra da a luz entre
cuatro y seis cachorros.

El jabalí

El jabalí se parece un poco al cerdo. Su pelaje, más tupido, está formado por pelos gruesos y duros. Escarba la tierra para buscar su alimento. Las crías, llamadas jabatos, tienen el pelaje rayado.

Créditos

Fotolia.com : byrdyak : 6 - markmedcalf : 10 - Matauw : 19 - wojciec : 12.

Shutterstock.com : BEZERGHEANU : 25 - Burton : 27 - Gibson : 7 - John Navajo : 16 - Hedgepeth : 26 - Herout : 13 - Holly Kuchera : 21 - Clem Hencher Stevens : 18 - Isselée : 5 - jurra8 : 2, 3 - kemp : 14 - kingfisher : 15 - Kruck : 8 - Kuchera : 4 - Kyslynskyy : 23 - Mandre : 24 - Miroslav Hlavko : 20 - MF Photo : 22 - Piotr Krzeslak : 11 - Schaefer : 28, 29 - Soru Epotok : 9 - Ziak : 17.

Título original: *J'apprends les animaux de la Forêt*
© LOSANGE, 63400 Chamalières, France, 2016
   Publicado por acuerdo con IMC Agencia Literaria
© Traducción: Teresa Broseta Fandos, 2019
© Algar Editorial
   Apartado de correos, 225 - 46600 Alzira
   www.algareditorial.com
Impresión: Índice

1.ª edición: marzo, 2019
ISBN: 978-84-9142-293-8
DL: V-209-2019